AF602396

ÉTUDE

SUR LE

DICTIONNAIRE BASQUE

PAR

FÉLIX MICHALOWSKI

SAINT-ÉTIENNE
IMPRIMERIE THÉOLIER ET Cie
Rue Gérentet, 12.

1883

ÉTUDE

SUR LE

DICTIONNAIRE BASQUE

Il y a cinquante ans les grands professeurs de Montpellier, les Lordat, les Delpech, les Dugès, y faisaient affluer les étudiants de pays lointains, l'amphithéâtre de l'école ressemblait à une Tour de Babel, retentissant de discussions intarissables *de omni re scibili* — de cette linguistique, par exemple, qu'on y pratiquait si largement.

En ce temps-là, je me croyais obligé de démontrer à tout venant, que la langue de mon propre pays était la plus belle du monde, très primitive, admirablement conservée, d'une perfection incomparable et d'une clarté si transparente qu'on l'entendait et qu'on la parlait quasi naturellement.

J'avais dans mes chers condisciples un auditoire très disposé à applaudir tout ce qui, de près ou de loin, semblait inspiré par l'amour de la patrie. Seul un moderne Cantabre, protestait avec vivacité que la palme réclamée en faveur du polonais, n'appartenait qu'au basque, autrement dit *eskuara* ou *euskara*, idiome primitif de l'Atlantide, ce paradis abîmé sous les flots de l'Océan, que Platon a célébré dans *Timée* et *Critus*

Quelques familles échappées au cataclysme, ayant pu gagner les Pyrénées, y sont devenues la souche du noble peuple Euskaldunak, nommé autrefois Ibérien, qui fut le maître de toute l'Espagne et de la France méridionale. Sénèque le philosophe atteste que de son temps le basque s'étendait jusqu'en Corse ; et il y a deux cents ans, la plus docte Assemblée d'alors, siégeant dans la cathédrale de Pampelune, a déclaré *ex cathedra* qu'Adam et Eve n'ont jamais parlé d'autre langue. A notre époque, le célèbre jésuite espagnol Hervas, le père de la philologie moderne, qu'Adelung et Guil. de Humboldt lui-même, n'ont fait qu'imiter ou suivre, a démontré pertinemment que le basque était une langue mère et la plus ancienne de notre continent. Puis-je omettre que mon ardent contradicteur s'est bien gardé d'oublier le diable, brûlant d'apprendre l'eskuara et l'étudiant sept ans sans en venir à bout ?

Je n'avais rien à répondre aux arguments appuyés d'autorités si formidables, je me suis promis, du moins, de vérifier soigneusement certaines assertions, tôt ou tard. Mais l'occasion fugitive ne revient pas à notre gré ; bientôt sonna le quart d'heure de Rabelais — celui de passer les examens. Mon adversaire philologique et ami très cher, est allé exercer l'Art salutaire sur les rives de la Plata, et moi au pied du Mont-Pilat, où j'eus le ravissement de reconnaître, sur les lèvres indigènes, des mots que j'avais entendus autour de mon berceau, et qu'aussitôt je me mis à recueillir pour les repatrier un jour. Cela m'occupa nombre d'années qui ont très vite passé : c'est seulement après ma retraite qu'on a bien voulu m'admettre, à titre d'auditeur attentif et patient, dans un cénacle philologique, dont l'illustre président est un Basque et le savant Secrétaire un basquisant. Je me mis en quête d'un dictionnaire de leur langue : trouvaille moins facile qu'on ne pense, *beati possidentes* répondent, en vous regardant de travers, « eh ! que voulez-vous en faire ? ». A l'entrée de ces vacances, l'aimable et généreux Secrétaire a bien voulu me prêter le vocabulaire de Salaberry, bon petit livre que j'ai confessé de mon mieux. Je vais raconter ce qu'il m'a appris, en commençant toutefois par me confesser moi-même de quelques idées sur la matière, qu'on jugera peut-être, je le crains, digne de fagot : mais je ne puis dire ici que ce que je vois, et comme je le vois.

I.

L'étude comparative des langues serait au moins incomplète si, au parallèle des grammaires qui absorbe la science actuelle, on n'ajoutait un examen plus scrupuleux des dictionnaires, examen auquel, il faut bien l'avouer, on n'attache qu'une importance secondaire, grâce à l'idée, trop répandue, que le dictionnaire n'est en réalité qu'un magasin de racines insignifiantes par elles-mêmes. C'est seulement après l'union de ces racines privées de sens, aux particules grammaticales qui en sont dénuées également, que la signification éclaterait comme par miracle.

Mais cela apparait différemment quand on a pour instrumment de la pensée et pour sujet d'observation incessante, une langue conservant encore les vestiges de la fabrique primitive. On aperçoit alors, pour peu qu'on y regarde, que le dictionnaire est, bel et bien, l'inventaire des idées que nos ancêtres se sont faites du monde, le recueil des définitions de toutes choses, obtenues de la manière suivante :

L'herbe répandue et connue partout étant verte, le ciel et la mer étant bleus, tout objet de nuance comparable nouvellement aperçu, est comparé mentalement à l'herbe, à la mer, à la voûte azurée, et nommé avec leur nom, modifié seulement quelque peu pour éviter la confusion (ce qui peut, au surplus, de proche en proche, lui faire faire le tour de l'alphabet). Il suffit d'admettre, pour en voir surgir le dictionnaire entier, une faculté innée d'exprimer la première idée acquise par un mot « naturel », par une exclamation articulée d'instinct : germe fécond et vraiment radical de tous les noms des notions catégoriques, et de longues séries de dérivés ultérieurs de celles-ci, toujours obtenus par la comparaison, la distinction et le classement, c'est-à-dire par une définition sommaire, consignée immédiatement dans un nom. Pour nommer il faut connaître : et l'on va en dictionnaire comme en science, du connu à l'inconnu. C'est bien l'intelligence qui discerne et qui nomme, mais l'appareil, la fonction physiologique de la parole, suggérait, inconsciemment, à la nomination, les signes articulés, gradués avec l'art infini de ce pouvoir insondable qu'on appelle instinct ; il nous guidait dans l'immensité de combinaisons alphabétiques comme il dirige les oiseaux dans l'espace inconnu. Œuvre d'un sens intérieur, la parole arriverait encore à l'entendement par la même voie, si l'énorme quantité et le tumulte des mots que nous possédons actuellement, n'en empêchait la perception immédiate, prévenue d'ailleurs et rendue inutile par la mémoire, mise, dès le berceau, en possession du dictionnaire.

Jamais un mot inventé, c'est-à-dire construit arbitrairement, sans lien ombilical avec le dictionnaire entier, n'a fait fortune. Les apparences trompent aisément à cet égard. Si quelque part la couleur du ciel n'est pas céleste mais *bleue*, et l'herbe *verte* (au lieu d'être, comme en polonais : ziele et *zielone*, niebo et *niebieskie*) c'est parce que la plupart des langues, ayant subi des bouleversements et des refontes, trop souvent les mots dont elles se servent actuellement, appartiennent à des sources étrangères et bien éloignées quelquefois.

Si l'exemple du vert et du bleu parait insignifiant, en voici un autre qui aura le mérite, si c'en est un, d'être moins simple. Parmi les idées courantes et répandues partout, en est-il beaucoup de plus abstraites que l'idée de ressemblance ? Je doute que tous les jeunes philosophes du concours général parviennent, sans l'aide de leurs professeurs, à en découvrir la source. Qu'ils consultent le dictionnaire ; c'est lui qui sait par cœur l'origine de nos idées, même les plus abstruses. *Sama* est en sanscrit un des noms de l'eau et y signifie également la ressemblance. On peut en conclure que celle-ci s'identifiait avec l'égalité. Rien d'égal, en effet, comme le niveau de l'eau, et on s'en est aperçu, il faut croire, bien avant la séparation des Aryas, puisqu'il y a en sanscrit *sama*, en zend *hama*, en grec *homos*, en latin *similis*, en slave *samy*, en gothique *samma*, en irlandais *samail*, en finois *samallainen*, et en turc *misl*.

Coïncidence fortuite ? Simple effet de la dérivation commune d'un terme appartenant au sanscrit ? Mais finois et turc n'entendent pas être si proches cousins du sanscrit, et *sama* est loin d'être le seul définisseur de l'égal, du semblable, du même, du seul, et de l'éminent parfois, car, en dictionnaire, tout cela se montre congénère. Voici, sans chercher bien loin *aequus*, qui est à *aequor* la pleine liquide, exactement comme *similis* à *sama*.

Non, il n'existe pas des mots arbitraires. Même quand nous essayons d'en fabriquer arbitrairement, nous ne faisons que contrefaire les anciens ; et si la contrefaçon a respecté les lois secrètes mais impérieuses de l'instinct, elle réussit, c'est-à-dire on l'accepte. Si non, non.

Tout comme les idées, les mots ne peuvent multiplier qu'en bourgeonnant, en proliférant, en se dérivant les uns des autres ; et dans les dictionnaires relativement primitifs, on peut suivre le fil de cette dérivation, divergeant, sans se perdre, jusqu'au limbe, comme les nervures de feuilles. Si au contraire l'enchaînement logonomique est effacé, embrouillé, brisé, c'est que la filiation ethnologique a dû l'être également. Deux peuples ou plusieurs, se sont côtisés pour le sang comme pour le dictionnaire ; et quant à ce dernier au moins, c'est toujours une côte mal taillée.

Plus de fois le travail de restauration a dû être repris et plus la langue se montre reprisée. Les mots ne manquent pas, on a toujours des mots pour les idées qu'on a, mais au lieu d'être sentis (sentir les mots c'est avoir au moins quelque vague perception du rapport des sons avec le sens) ils n'ont absolument d'autre support que la mémoire, et c'est assez pour qu'on les défigure bientôt sans le vouloir et sans s'en douter.

On ne se lasse pas de préconiser les changements phonétiques soit disant inévitables avec le temps. A force de prodiguer la métaphore, on s'y laisse prendre, on finit par y croire. La langue, celle qu'on parle, n'ayant pas d'existence substantielle, ne saurait se modifier ni changer par elle-même. C'est l'homme qui subit les influences des milieux, et le sang étranger lui transmue *le parloir*, s'il m'est permis de forger pour une heure, pour le temps de ma lecture, une acception insolite mais claire, et dispensant d'énumérer au long les organes de la parole, depuis l'appareil de Decorti jusqu'aux muscles de la langue et des lèvres. Le parloir modifié fonctionne différemment, et la parole ne peut que changer ; mais l'èquilibre ébranlé des forces vitales, rétabli avec le temps, la langue reste désormais sensiblement identique à elle-même.

Un métissage sobre... et heureux, aiguise d'ordinaire les facultés rationnelles, mais l'instinctif y perd quand même. Le don de la parole, l'alphabet qui en est l'expression physiologique, périclitent. Le pouvoir de grouper les consonnes s'amoindrit le premier (*scriba, écrivain, izkiribu* : c'est deux, trois et quatre syllabes respectivement, mais parler plus longtemps sans mieux dire, c'est un progrès à rebours). Bientôt le nombre même des consonnes diminue, l'exubérance des voyelles, l'accent, la quantité, l'aspiration et autres accessoires du ressort pseudo-musical, compensant le déchet (*monka* et *minka* en polonais, le russe ayant perdu les nasales, dit mùka et mukà). Voilà, je m'imagine, la source et la raison de toute prosodie, quoique là, comme ailleurs, la nécessité finit par devenir vertu. Elargie dans les visages à pommettes saillantes, la langue affecte les chuintances ; allongée dans les faces aplaties latéralement, elle multiplie à tort et à travers les articulations vibrantes. Polak devient *polakr* dans le dictionnaire de l'Académie française et *Bog*, *Big*, dieu primitif des Ludiers, devient *bigr !* Si tout cela, agrémenté par

Lautlehre (où l'on apprend qu'un jour fatidique les *a* se sont changés en *e*, qui n'existaient pas auparavant ; les Bourguignons d'auparavant ne disaient pas *je voè !* ils disaient *ja voa !)* si tout cela suffit à déclarer les langues « vivantes comme les êtres organisés » (voir dans Schleicher et ailleurs...), autant prétendre que l'art de nous vêtir est vivant, parce que les modes changent continuellement et les femmes ne se lassent pas... de les suivre.

Ce que le temps ne manque jamais de modifier, c'est l'acception des mots, leur signification usuelle. Chaque siècle l'estompe, la rétrécit ou l'élargit. L'histoire se mire perpétuellement dans la parole et y abandonne son reflet :

« Liberté, liberté chérie,
« Conduis, soutiens tes défenseurs !... »

Quel logogriphe ce serait pour un Romain ! C'est à peine intelligible pour nous-mêmes, mais il y a un demi-siècle à peine, comme cela faisait battre les cœurs ! J'ai constaté, non sans surprise, plus d'une évolution analogue en pays slaves les plus immobiles en apparence ; en sorabe, *wolny* n'est plus qu'un libertin, et l'homme libre c'est *chrobry*, vaillant et brave, à la lettre.

II.

Pour nommer il faut connaître, et l'homme a nommé tout ce qu'il a connu, mais il l'a nommé tel que, en état, au repos. Les relations innombrables qui naissent du mouvement perpétuel des objets, comment les traduire ? Comment exprimer ce qui ne dure point, ce qui change et varie sans cesse ? L'esprit humain a discerné les catégories ou classes de relations saisissables, et a affecté à ces catégories des modes d'expressions adéquates. C'est la grammaire : dont l'ensemble est, comme l'or, sujet au frai, mais ne se partage pas. A aucun prix on ne peut marier les génitifs anglo-saxons aux datifs normands ; le conflit de deux grammaires hétérogènes entraine une destruction mutuelle et une transformation plus ou moins profonde. Le simple voisinage y suffit quelquefois, celui des Szeklers, par exemple, empesta le latin des Valaques, de formes agglomérantes, et on sait que le pehlvi d'origine sémitique, a maintenant la grammaire iranienne. Il est vrai qu'en revanche on a appris à parler espagnol à Chiloe, tout en y conservant la grammaire chilienne : mais l'un aussi bien que l'autre corroborent médiocrement la doctrine en vogue, que la grammaire est l'âme et l'essence de la parole. C'est une âme qu'au besoin on remplace par une autre. Supposons une cargaison de belles étoffes, déjà taillées et découpées en pièces pour la confection des vêtements, tombée au pouvoir des sauvages, ne sachant aucunement assembler ces pièces en robes, en fracs, en manteaux : s'ensuit-il que, ne pouvant s'en servir *secundum artem*, ils vont rejeter à la mer une si précieuse épave ? Oh non ; ils se feront peut-être des mocassins avec les chapeaux des Parisiennes, et se coifferont avec les fonds de nos culottes : mais n'en seront pas moins coiffés et chaussés..., à tort et à travers de prime abord, mais bientôt, la logique naturelle et l'expérience aidant, on parviendra à créer une méthode nouvelle — ou, le cas échéant, une grammaire nouvelle, moins riche, moins belle, moins parfaite que l'instinctive qu'on aurait perdue dans quelque mêlée des nations, mais en utilité pratique inappréciable et parfaitement suffisante.

Un Français, maniant sa langue à merveille, s'il s'adresse à une personne étrangère, est très capable de lui dire, pour se faire mieux comprendre : « moi, aimer vous ». Voilà que dépouillés de leur grammaire, déjà si réduite en français, les mots ont retrouvé la relation voulue, par simple emplacement dans le discours, pour peu qu'il représente l'ordre de leur naissance dans l'esprit. Cet ordre suffit à traduire en gros l'enchaînement de nos idées ; les nuances, trop fines ou imprévues, on les devine ou l'on s'en passe. Toutes les grammaires de seconde main s'abreuvent à cette source, en s'étayant au surplus d'une provision croissante de particules flottantes : mais cela ne crée pas de nouvelles langues..., car autrement la grammaire « expurgée et simplifiée » que les têtes crépues pondent à Haïti, en ferait bientôt une !

En somme, la grammaire n'est nullement la « forme essentielle » de la langue, et une langue n'est point l'art vieux ou neuf de manier les mots. La langue, c'est le patrimoine des mots solidaires de leur naissance comme un polypier, ou liés et rattachés par un long travail d'appropriation ; c'est le dictionnaire, stéréographe du sens national, code des idées du terroir qu'il garde, et dont il saisit les générations successives, pour les nourrir de la sève du passé et leur imposer une tournure de l'esprit. Faute de cette précoce imprégnation, un étranger, un Frédéric II par exemple, aura beau apprendre la grammaire et parler français toute la vie, ce ne sera toujours qu'un Prussien.

Renfermés dans les forêts profondes, les Lithuaniens (que Tacite encore appelait Ari, c'est-à-dire Aryas), conservent intacte un dialecte de la langue sacrée de l'Inde. Nous, Lud (Polonais, Tchekhe, Slovaque, Sorabe, Kaszub, etc.), nous laissâmes entrer dans nos veines une goutte de sang tchoud, et tout en gardant la langue des premiers jours, nous la chuintons comme les Auvergnats, qui, sans doute, n'ont pas gagné autrement leur accent. A l'instar d'une nappe de cailloux roulés, les mots chinois ont perdu toute forme, l'emplacement et le sous-entendu y suffit à tout, mais il ne faut pas s'extasier devant ce comble des vertus logiques, analytiques, pratiques et simplifiques, vingt générations peut-être ont dû être égorgées ou avilies pour en arriver là.

Après l'intégrité alphabétique et la saine dérivation signalées plus haut, un dernier caractère de langues, relativement primitives à remarquer, c'est qu'au lieu d'étayer le discours de pièces et morceaux, elles pétrissent en quelque sorte leurs mots.

Sanoo, finois,	*Mowi,* polonais,	il parle.
	Mawia,	il a l'habitude de parler.
Sanoi,	*Mowil,* *Mowila,* *Mowilo,*	*ille, illa, illud,* a parlé.

Mawial, *Mawiala,* *Mawialo,*	*ille, illa, illud,* avait l'habitude de parler.

Pour faire du présent le passé, il a suffi au finois de changer *o* long en diphtongue *oi,* le polonais a pris un *l.* A l'heure matinale où ces formes concises, belles et fécondes, ont pris naissance, on entendait évidemment la valeur de simples lettres comme nous entendons le sens des mots. Je me garde, en faisant ces rapprochements, de vouloir raviver les discussions sur la hiérarchie des langues ; diversement cultivées, elles ont, comme les nations, des qualités diverses, à peu près équivalentes dans la pratique. Une page de Tacite, traduite en français, en fera deux : mais cela n'a pas empêché le français de produire des chefs-d'œuvre impérissables. Pourvu qu'on ne verse point dans lé travers opposé, en s'imaginant que ces pages semées dru d'articles et autre menue monnaie de la grammaire prétendue analytique, en deviennent plus précises, plus claires, plus parfaites. C'est raisonner comme l'aveugle des couleurs, c'est croire que cent sous en cuivre valent mieux qu'une pièce de cinq francs !

L'instinctif étouffé, la réflexion, une demi réflexion plutôt, comble la brèche — et c'est tout ; on peut surprendre en basque et comparer les deux méthodes. Pour créer les nuances d'une signification radicale, au lieu d'accrocher syllabes sur syllabes, il lui suffit parfois de modifier un simple son ou d'en ajouter. *Esku* la main, *eska* demander, *eskain* offrir, *esker* remercier. *Churfail* blanchâtre, *churhail* presque blanc.

A-t-il conservé, ou a-t-il retrouvé partiellement, cette plus haute faculté logonomique qui lui permet de déployer sa surprenante conjugaison ? Mais à côté de ces fines et délicates moulures de l'art inconscient, que de formes épaisses et lourdes équarries en toute conscience ! *Ollotegi* poulailler (toit des poules), *hitztegi* dictionnaire (toit des paroles), *behortegi* écurie, *gasnategi* fromagerie, *liburutegi* bibliothèque, toujours *tegi.* A quoi il convient peut-être d'ajouter une caractéristique des procédés avec les emprunts à l'étranger, dont le basque est si prodigue :

Elgar l'un et l'autre. Comment dans un seul mot, *un* peut-il être opposé à *un autre*? D'une manière très simple, mais c'est peut-être la seule. En breton, c'est *ann eil hag egile*, en retranchant l'article et la conjonction, et en soudant le reste, on en fera sans peine *elgar*. On en verra bien d'autres.

III.

Sur le terrain déblayé et préparé de la sorte, le basque va comparaître pour nous révéler le secret de sa naissance et quelques traits de son histoire. Comme les princesses des grottes enchantées, l'histoire dort dans les dictionnaires, mais l'art magique de la faire parler est encore en nourrice.

L'ouvrage de Salaberry ne donnant qu'un exposé sommaire et tronqué de la grammaire, je me contenterai de quelques remarques générales.

L'esprit humain (*bis repetita...* valent) étant le miroir où le connaissable se reflète et se détermine, le dictionnaire est l'entrepôt des définitions acquises, et la grammaire un arsenal pour traduire le mouvement des choses en question. Mais le jeu perpétuel des relations n'est pas très varié, il se répète incontinent. Les diverses espèces ou « parties » du discours, les modes, les temps, les personnes, les cas, les degrés et les nombres, en voilà toutes les variétés je crois, que l'esprit a saisies et formulées en grammaire. Est-ce que le basque, qui a décuplé le nombre de quelques-unes de ces formules, aurait découvert autant de relations inconnues ailleurs ? Cet excès de richesse ne fait, au contraire, que dissimuler un denuement profond. Qu'est-ce, par exemple, que ces six degrés du nominatif ?

Aita, père.

Aitaren, celui du père.

Aitarenarena, celui de celui du père.

Aitarenarenganikakoarena, celui de celui, de celui du père.

Aitarenarenganikakoarenarena, celui de celui, de celui, de celui du père.

Aitarenarenarenganikakoarenarena, celui de celui, de celui, de celui, de celui du père.

Ce n'est là évidemment que l'impuissance de traduire, autrement que par une répétition machinale, les rapports qu'on exprime ailleurs avec deux ou trois mots appropriés. De même, n'ayant pas conservé la distinction des genres, qui semble (malgré tout ce qui fut dit à ce sujet) de droit naturel à notre esprit, le basque s'en tire au moyen de désinences verbales, comme dans *nuk, nun, nuzu, niz* ou *naiz*, signifiant toujours je suis, mais adressé tantôt à un homme et tantôt à une femme, en parlant familièrement ou avec respect, ou avec indifférence; de même :

Noha,	je vais.	
Nohak,	je vais,	mais *k* annonce qu'on parle familièrement à un homme.
Nohan,	je vais,	mais *n* apprend qu'on parle familièrement à une femme.
Nohazu,	je vais,	mais *zu* avertit qu'on parle avec respect.

Apparemment ces procédés ne datent pas du déluge? Etre réduit à dire : je suis (respectueusement) absent, affamé, couché, cela fait songer à ces gaz qui devaient « avoir l'honneur » de se combiner devant Monseigneur. C'était naguère le langage du courtisan, en basque c'est l'esprit féodal qui l'a dicté sans doute. Les Grecs et les Romains se tutoyaient libéralement, les Slaves de race se tutoient encore; les déférences incrustées à demeure dans la conjugaison puent de loin la morgue gothique, et elles rappellent quelque peu le double langage des peuplades gouvernées par les casse-tête, pour les grands et pour les petits, pour les hommes et pour les femmes.

La contraction de plusieurs mots en un seul, autre caractère estimé très antique ou très américain au moins, semble de même accuser plutôt un état social déjà assez développé : car c'est l'usure des mots répétés vite et souvent, et changés de la sorte en formules mnémoniques, de commandement, de politesse, de passion. Dans *Maitetuba dot*, amatum illum habeo ego, *dot*, selon M. de Charançay, contracte l'équivalent de trois derniers mots latins. Mais c'est bien loin d'être rare : tout le monde connaît l'espagnol *usted* pour *vuestra merced ;* en polonais *wac*, de wacpan, renferme également la vuestra merced, c'est-à-dire *wasza miłość ;* de ce dernier mot une seule lettre est restée dans wac ; comme il existe à côté, *waść* et *waszmość*, la contraction est hors de doute.

Il faut remarquer néanmoins que le basque n'ayant, à dire vrai, d'autre conjugaison que celle des verbes auxiliaires, a appris à en réduire et accommoder les formes de cent manières, pour conjuguer avec elles les autres verbes. Le procédé, ingénieux au possible et d'une merveilleuse fécondité, n'en est pas moins très monotone, c'est-à-dire artificiel, et dénotant l'absence de ce sentiment qui conserve les mots en en faisant, pour ainsi dire, goûter la structure légitime, celle qui résulte de l'équation des sons avec le sens.

IV.

Abordons le dictionnaire, sujet particulier de cette étude. Pour échapper au soupçon de l'avoir trié, à un point de vue étroit ou préconçu, je me suis imposé, d'abord, la traduction, mot par mot, d'une lettre entière du vocabulaire de Salaberry, et comme l'appétit vient en mangeant, j'en ai traduit deux, **K** et **P**, c'est-à-dire que j'ai retrouvé dans d'autres langues à peu près tous les mots alignés sous ces lettres, qui m'ont paru le moins sujettes aux altérations en basque, et à cause de cela y conservant mieux aux mots étrangers leur physionomie d'origine. J'ai prélevé, du reste, sur toutes les pages du dictionnaire des échantillons de diverse nature assez nombreux pour donner une idée suffisante de l'ensemble.

En m'appliquant à cette moisson, je n'ai pas tardé à reconnaître trois assortiments bien distincts de mots eskuariens, trois couches différemment assimilées à différentes époques. La couche la plus superficielle, celle qui doit frapper le plus un lecteur français, appartient aux temps modernes. Il devient évident, au premier coup d'œil, que les Euskaldunaks ont fini par apprendre les langues de leurs puissants voisins, et dès lors, les mots qu'ils trouvaient occasion de leur emprunter ont pu, en grand nombre, conserver la physionomie absolument intacte, ou très facilement reconnaissable sous le voile transparent de la prononciation locale, comme les suivants, par exemple :

Urgulu,	vanité.
Emphatcha,	empêcher.
Grabata,	col.
Hirritu,	agacerie.
Irri,	rire, etc., etc.

Les mots qui remontent au moyen-âge et à l'époque romaine, formant la seconde division du dictionnaire, y ont subi un tout autre sort. Le basque les contracte, les allonge, les mutile, les travestit, les retourne comme des doigts de gant.

Aphez, prêtre, c'est-à-dire *abbas.*
Ertor, curé, — *rector.*
Khurutzefika, crucifix.
Pharabizu, paradis.
Phederika, prêcher *(prœdicare).*
Garizuma, carême *(quadragesima).*
Gartha dembora, les Quatre-Temps.
Zeru, ciel.
Debru, diable.
Ainguru, ange.
Arima, âme.
Amodio, amour.
Gorphitz, corps *(corpus).*
Folxu, pouls *(pulsus).*
Folxukeria, fausseté *(falsum).*
Benzi, vaincre, *vencer,* esp.
Askalbozka, gratter *(scabere).*
Gilz, clef *(clavis).*
Fitcka, fifait, vite, vitement.
Gathibu, captif.
Adimendu, entendement.
Phoroga, prouver *(probare).*
Erro, racine, *raiz,* esp.

Zilhe, argent, *silber,* all.
Urhe, or.
Atabala, tambour, *altambor,* arabe.
Atrebitu, intrépide.
Lehoin, lion.
Zuzen, juste.
Aphiril, avril *(aprilis).*
Lekhu, lieu *(locus).*
Mardie, par Dieu !

Auzo, voisin, moins *v. On,* bon, sans *b. Pollo,* poule espagnole, est devenu *ollo*; nomen (renommée) *Omen,* et fleur *Lore. Erein,* semer, a laissé tomber *s* et a pris une désinence ouralienne. *Euri,* changement de temps qui se met à la pluie, a perdu *pl. Ass,* âne (germanique) a gagné *to,* suffixe de mépris : *asto. Zezen,* taureau, a pris un *z*, c'est *ejenn,* breton, *junz,* slave. Raton, rat espagnol, est devenu *garathoin,* et le risque *hirrisku. Bilo,* cheveu (comme en breton), en perdant *b* est devenu laine, tout en demeurant cheveu (*ile* l'un et l'autre). Le laurier s'appelle *erramu,* parce qu'on en fait des palmes le dimanche des Rameaux, et décembre *Abendo,* parce que c'est le mois de l'Avent. *Bichilia,* abstinence, parce qu'on fait maigre la veille des grandes fêtes *(vigiliæ)*; *orziralia bichilia da,* le vendredi est jour d'abstinence ; comme *orziralia* manque dans le vocabulaire, je ne puis me rendre compte comment *veneris dies* a pu s'y fourrer, mais il y est. Il faut bien remarquer, à ce propos, que notre science phonétique a laissé dans l'ombre toute une moitié de son problème : elle expose les variations que, d'âge en âge et de langue en langue, la prononciation fait subir aux mots, mais ne s'occupe pas de changements, non moins considérables, provenant des défaillances de l'ouïe et de la mémoire. En voici quelques exemples :

Amatus est devenu *maitha,* parce que la première syllabe trop courte échappait à l'oreille basque et la seconde surprenait par une longueur insolite. En pareil cas, le français comme le slave, ajoute parfois une semi-voyelle ou une liquide. *Thesaurus* a perdu en français sa troisième courte, a conservé la seconde longue en

français comme en latin, et surchargé la première d'une *r*, pour compenser la durée de la voyelle latine. De même en basque, *a* long d'amatus s'est transformé en diphtongue *ai*, comme *an* d'*angelus*, s'est changé en *ain* dans *ainguru*, etc.

La terre labourée *lurberatu* en basque, terme primitif, dit-on : mais on ne doit estimer primitif que les noms des choses qui le sont également, et ce n'est pas dans les Pyrénées que l'agriculture prit naissance. En s'appropriant *terra laburata*, la mémoire des Basques a substitué à *terra* le nom Celtique de celle-ci : *leur* (*rola* slave) qui faisant double emploi avec la première syllabe de *laburata*, l'a remplacée.

L'évêque, *episcopus*, est devenu *aphezpiku* : par confusion auditive d'*epis* avec *aphez*, abbé, venant en basque comme en français d'*abbas* latin : parce que le sens est identique, le son très analogue, et l'adoption indubitable (1). La seconde moitié d'episcopus a subi la métathèse, le renversement des sons étrangers à l'oreille, attardés dans l'audition et reproduits, en en remontant le souvenir, à rebours. C'est très fréquent en basque, en voici quelques exemples :

Arlote, brigand, c'est-à-dire *latro*.
Aizkura, hache, de *securis*.
Kharba, braye, en latin *braca*.
Erbi, lièvre, de lièbre espagnol, avec perte de *l*.
Iphar, nord, en arabe vulgaire *bahhri*.
Flipi, petit en français.
Erhi, doigt, en espagnol *rejo* pointe.
Erla, enroué, en breton *raoula*.
Hur, noisette, en slave *oreh, orah, orih*.
Ilhar, métathèse de *le hari*(*cot*).
Arbi, rave, de l'espagnol *rabaino*.
Igando, dimanche, c'est *doming*(*uero*) espagnol.
Aste, semaine, de *setti*(*mana*) italien.

(1) Le changement de douces en fortes et notamment de *b* en *p*, est loin d'être rare en basque :

Becada, bécasse en espagnol, en basque ***pekada*** ; ***bisquer***, en basque ***pichka; bichon*** (sorte de pot) ***phitcher*** en basque, etc.

Ax contraction de *arrax*, soir, nuit, par métathèse de *scurare*, obscurcir en italien, etc., etc.

Les mots de la dernière catégorie, certainement la plus ancienne et préhistorique, offrent en général, contrairement à ce qui devrait avoir lieu, si les théories phonétiques en vogue voyaient juste, bien moins d'altération que les autres :

Tarapata, marche précipitée et bruyante, agitation, en polonais *tarapaty*,

Deitz, traire, en polonais *doiti*.

Borrokan, lutter de force, *borykati* en slave.

Tuta, cornemuse à un seul tuyau, en polonais *duda*.

Zizo qui blaise, *zyz* qui louche, en polonais.

Gripa, peigne en bois pour le lin, *greb* en slave.

Zozo merle, *zozollo* pauvre d'esprit; *zozula* coucou, ou bête de bon Dieu, en polonais.

Laido outrage, en polonais *lajda*.

Garkhora nuque, en polonais *kark*.

Inyubi avoir un vif désir de quelque chose, *ljubiti* en slave.

Aztapar patte, *stopa* pied en polonais.

Estira action violente qui pousse un cops vers un autre, en slave *stirati*.

Herze intestin, en slave du midi *serze;* en allemand *herz*, en polonais *serce*, cœur.

Zuzi détruire, en hongrois *zuz*.

Erahar faire porter, faire venir, *rak* en hongrois.

Zamarri cheval ; *szamar*, en hongrois, âne ; *saumar*, en tchekhe, bête de somme ; *suma*, en russe, besace.

Fani ternir ; en magyar *fanyar*, malpropre, morveux.

Asmu, talent de deviner ce qu'on ne voit pas, *asma* flairer, s'informer, *asmuka*, à tatons. Cf. *sme*, mordvine, odeur ; *esz*, hongrois, raison, mémoire ; *eszme*, idée ; *eszmel*, avoir conscience, connaître.

Eras, bavarder, murmurer ; *erausi*, aboiement d'un chien ; *erazar*, *erazarri*, adresser de vifs reproches. Cf. *ereg*, hongrois, bouder, jaser, glapir.

Here, faux-bourdon ; en suomi, *hörisen*, murmurer, réprimander.

Elhe, paroles ; *elheka*, parler, causer. Cf. *Heloitan*,

finois, parler ; *elhi*, hongrois, appeller ; *elhanva*, breton, prononcer.

Tepertu crise, moment critique, en suomi *töpärö* ; en petit russien *teper* à présent.

Eme, femelle de chien, de chat, d'oie et de dinde ; *emazte*, femme ; *emain*, sage-femme. Cf. *Emä*, en finois, mère, femelle, surtout d'animaux ; *emisä*, *emänta*, mère de famille.

Elhur neige, *erc'h* en breton ; en magyar *elhül* refroidir, *helar* geler, etc.

Egi, affixe signifiant : trop, outre mesure ; en hongrois *igen*.

Egia vérité, en magyar *igaz*, vrai, juste ; *igen*, oui.

Yin, venir, en hongrois *jön*.

Yuan, aller, en turc *yayan guitmek*, aller à pied.

Baratze, jardin, en turc *baghtche*.

Goga, gagner quelqu'un par des caresses insidieuses ; *gogea*, breton, agir avec fourberie.

Ezagout connaître, en breton *gouzout*, à Vannes *gout*.

Espar échelas, en breton *sparr* la lance de la gaffe.

Eduk tenir, en breton *dougen* porter, soutenir ; *doug*, port.

Aize vent, *aizina* loisir ; *aezen*, en breton, vent doux et agréable.

Estukara défaut, en breton *stoker*, trebuchet.

Ekhaina juin, à Vannes *mec'heouen*.

Engana tromper, en breton *ganaz*, fourbe.

Enkonia s'attrister profondément, en breton *anken* chagrin.

On en trouve à chaque page ; cherchons autre chose.

V.

Les racines qui encombrent les ouvrages de philologie, les vraies racines, toutes nues et bonnes à rien, appartiennent à ceux qui font des théories philologiques ; on veut étudier ici le basque qu'on parle : et qui certes n'a jamais ni créé, ni emprunté, de sons creux, vides de sens — mais dut rechercher, au contraire, les mots entiers et bien déterminés, signifiant ceci ou cela. Or, chaque acquisition de cette sorte prolifère incontinent, elle engendre une petite famille de mots apparentés ; le dictionnaire basque, et tous les dictionnaires, se sont peuplés ainsi ; sauf que dans une langue ayant surgi des entrailles mêmes du génie national, la dérivation est toujours simple, logique, marquée au coin de bon sens : parce qu'on entendait à fond le mot radical, et l'on comprenait ce qui pouvait en sortir naturellement. Il en résulte que si quelque part, loin d'avoir ces qualités, la dérivation pèche évidemment par le vague, le laisser-aller, l'arbitraire et l'excentricité, on peut être à peu près certain que les matériaux travaillés n'étaient point du cru, mais durent être empruntés, usurpés, imposés, peu importe, car pour la langue tout cela revient au même.

Il faut signaler à ce propos un fait curieux qui est loin d'être rare. On attribue volontiers à un mot étranger plus de vertu qu'il n'en a, et qu'on n'en accorde au mot exactement équivalent dans sa propre langue, celle qu'on parle tous les jours. En France, on lâche volontiers quelque bribe de latin ou d'anglais, à l'appui d'une idée éminemment française. En Pologne, on prodigue sa petite provision de français, pour arriver à dire plus qu'on ne sait et mieux qu'on ne peut. On va rencontrer et reconnaître en basque, fort souvent, des préventions analogues en faveur de l'étranger.

Geiz, en allemand, avarice ; *geizig*, avare, chiche, mesquin, vilain. N'est-ce pas déjà assez d'injures à qui n'aime pas laisser puiser dans sa bourse ? Le basque ne s'en contente pas : *gaitz*, méchant, très-méchant, d'un commerce difficile ; maladie, mal. *Gaitzikor*, susceptible ; *gaitzi*, s'offenser ; *gaizo*, digne de commisération, comme trop gros et trop gras ; *gaichtagin*, malfaiteur.

Furtzen lâcher un vent, en allemand, a donné en basque *phurtzika*, exciter le dégoût, en désordre, méprisable ; et enfin *phurtzika*, « mettre en désordre les vêtements et maltraiter le sexe par des attouchements. » Je copie bien entendu mot à mot, ces naïvetés curieuses par leur antiquité.

Loth soudure en allemand ; en basque, souder et réunir, s'attacher, prendre racine, se greffer, saisir avec la main, panser ; *lot gaillu* linge à pansement, *lot garri* emplâtre.

Hil, tuer (*kill*, anglo-saxon), et éteindre, mourir, la mort, le cadavre. *Hilhore*, les honneurs funèbres (honneur est devenu *hore*) ; (*h*)*ilhuna* (*huna* appartient au verbe *ikhus*, voir), la nuit ; (*h*)*ilhun*, sombre ; (*h*)*ilhumpe*, obscurité profonde ; (*h*)*ilhor* avorter, etc.

Trempa être trempé par la pluie, et tremper le biscuit dans le vin, ou le vin avec de l'eau. *Trempe* convenance, modération ; *trempechar* tomber en défaillance, (comme le vin trempé d'eau outre mesure).

Le beurre a fait *burra*, ou *gari*, qui veut dire encore tendre, frais (comme le beurre, quand il est frais) ; *guriki*, avec mollesse ; *gur*, génuflexion féminine, (tendre et molle).

Sincèrement a fait en basque *zinzinez*, contracté bientôt en *zinez*, d'où *zinein*, affirmer, et *zin*, serment. Braves gens qui croyaient serment et sincérité la même chose !

Silo, berber je crois, la fosse pour conserver le grain, a donné *zilo*, trou et trouer ; *zila*, percer.

Zilindroin (cylindrique), contracté en *zinzillo*, signifie sans tenue, sans énergie ; et devenu *zirzil*, c'est la négligeance allant jusqu'à exciter le dégoût.

Se signer a fait *seinha*, et par extension *sinhex*, croire ; *zeinu*, cloche ; *sinhexkor*, crédule ; *sinhexgogor*, incrédule.

De *zinna*, en italien, bout de sein, goulot de bouteille, et *zinzinnare*, sucer, le basque a tiré *zinzur*, *chinchur*, *chinchurzilo*, gosier.

Ores, de *hora*, a donné en basque *orai*, à présent ; *orano*, encore ; et le contraire du présent : *oranoko*, *orachte*, *orachtean*, le passé plus ou moins ancien.

Onda, perdre des choses utiles par inconduite (probablement en fréquentant la *fonda*, cabaret espagnol, qui a perdu son *f*). De là une kyrielle de la prodigalité : *ondazale*, prodigue ; *unda*, prodiguer, détruire — ce qui mérite malédiction, *ondiko* en basque. Le reste, *undar* ;

le dernier, *undar;* et *underze*, le dernier intestin, le rectum. *Ondako*, successeur, celui qui vient après ; *ondorio*, suite d'une affaire ; *ondo*, souche.

Arrimer ranger la cargaison, a donné en basque *arrima,* placer un objet contre un autre, et se placer sous la protection de quelqu'un. *Arrimu,* refuge.

Ezti, miel, c'est *mez* breton et magyar, avec chute de *m*. En basque, c'est encore adoucir, calmer ; *eztei,* noce, parce qu'on y mange des dragées ; et *eztul,* toux, parce qu'elle fait boire des sirops.

Ezko la cire, le *wosk* polonais, ou *Wachs* allemand ; *ezkon* se marier. Se coller ?

Harri pierre ; en finois *kari* ou *karaisen*, signifie durcir. En basque *harri,* pierre, grêle, maladie de la vessie, pétrifier de frayeur. *Harrigarri* terrible, épouvantable ; *harro* dilater (les yeux, par la peur). *Haritz,* chêne (bois dur) ; *hartzeko* créance, (dure à réaliser).

Urrin, odeur, gagner une mauvaise odeur, se passe d'explication ; mais *urrinda,* flairer !

Image, *imachina* en basque, d'où *imasimanu,* avec parfaite ressemblance.

Uzki, cul (*g* tombé, c'est *guz, guzica,* en slave) ; *uzker,* pet ; *uzkal,* renverser ; *uzkar,* être peu disposé à se soumettre (en français, tourner le dos à quelqu'un).

Gora, élever, en haut, là-haut ; *gori,* encourager ; *igaran,* monter ; « *igaran igandean,* dimanche passé ; » donc, le temps basque, en passant, monte quelque part. *Garhait,* vaincre ; *garaitia,* avantage ; *gorhain,* dégoût provoquant à vomir (haut le corps). Le tout vient de *gora,* montagne, hauteur, en slave ; *gorrea,* élever, hausser ; *gorré,* le dessus, en breton.

Gar flamme en basque ; en breton *gor,* en polonais *gore,* incendie ; en russe *gorit, zgorit,* rougir ; en français *garance,* en basque *gorri,* rouge ; *egur,* bois à brûler ; *garri,* soif ; *egarridura,* sentiment caché de haine. Exemple assez rare de dérivation vraiment normale en basque.

La synonimie de *besar* baiser en espagnol, *besarka* en basque, avec *embrasser,* en a fait tirer *beso* le bras ; *besozbeso,* bras dessus, bras dessous ; *besope,* mouvement pardessus l'épaule.

Iphar nord, vent du nord ; et comme on tourne volontiers le dos à ce dernier pour s'en garantir : *iphuru*, endroit où les engins du labour se retournent ; et *iphurdi*, « postérieur d'un homme ou d'un animal. »

Bela, en turc, malheur, et *bele* oiseau de malheur en basque, le corbeau ; *belatch*, corneille ; *belz*, noir — et *belzari*, mauvaise mine qu'on a en fronçant les sourcils.

Muku, « substance dont la tête se purge par les narine », le mucus ; et *mukurru*, mesure plus que comble. Morveuse ?

Azta poids, Cf. *laste* poids de deux tonnes en mer, *lastegelt* droit de tonnage en Hollande ; *azte*, en basque, palper, toucher (soupeser) ; *aztaka*, à tâtons ; *azti*, devin ; *aztura*, vieille habitude.

Usaya usage, *usa* s'habitner, *usu* devenir fréquent, *usu* serré avec peu d'intervalle, *usu* sang altéré tendant à se convertir en pus.

Ezku main, *kez* en hongrois, où *kezel* manipuler, *kesd*, commencer, etc. En basque, *ezkudanza* adresse, *eskuin* côté droit, *ezker* côté gauche, *eska* mendier, *eskatina* dispute, (en venir aux mains) ; *eskarnia* contrefaire ; *eskargaiste* ingratitude (se dispenser de rendre), etc.

Chut, « état d'un corps en pente rapide » (en train de faire une chute) ; *chutchurru*, état d'un arbre qui est très chargé de fruits, — dont les branches *choient*, mais comme il ne tombe pas : *chut*, qualité d'un corps qui se tient droit ; *chut* se lever, lever ; *chutik* debout, *chucken* dresser un objet, le rendre droit.

Churru, cuve à lessive. En forézien *echarâ*, blanchir ; *charré*, *chiori*, drap pour la lessive ; en hongrois *szür*, couler, filtrer, épurer ; *szürö*, couloir, passoir ; *szürkul*, grisonner, etc. En sorabe *szyry*, blanc *(canus)* ; en polonais *szary*, blanchâtre ; en basque *churizale*, blanchisseur ; *churi*, blanc ; *churiketa*, lessive des chiffons ; *churrustan*, état du liquide qui repend, qui verse ; *chorta*, goutte à goutte ; *churrupita* (*szaruga* en polonais), grande pluie ; *churtch* orphelin (qui pleure, *sierota* slave) ; en magyar *sir* (en portugais *chorar*) pleurer ; *sir* tombeau, sépulcre. Au sommet du Pilat *chirat*, *chiré*, *chirei*, énormes tas de pierres : tombeaux préhistoriques ? En Afrique *henschir* des Arabes, ruines, (des cités romaines notamment).

VI.

J'aborde avec appréhension, à cause de la difficulté de l'entreprise, l'examen des nombres cardinaux en basque, mots « nécessaires » et si constants, que leur présence, et leur degré respectif d'altération, pourrait servir à dresser les arbres généalogiques des familles de langues. Il n'y a point, après le verbe substantif, des mots employés plus fréquemment, et, partant, plus sujets à l'usure : c'est ce qui fait l'écueil de leur étude dans une langue sans famille comme le basque, où les rapprochements et les comparaisons, ressource ordinaire et guide de ces recherches, ne peuvent qu'être bien vagues.

Voici les noms des nombres euskariens :

Bat, un.
Bi, deux.
Hiru, *hirur*, trois,
Lau, *laur*, quatre.
Bost, *bortz*, cinq.
Sei, six.
Zaspi, sept.
Zortsi, huit.
Bederatsi, neuf.
Amar, *hamar*, dix.

En polonais *jeden*, *dwa*, *trzy*, un deux trois : mais on commence rarement de compter ainsi, on dit presque toujours *raz*, *dwa*, *trzy*. Même dans les contes populaires, là où d'autres Slaves mettent d'ordinaire :

	Byl	*jednou*	*jeden*	*kral*....
	Il fut	une fois	un	roi....
on dit en polonais	*Byl*	*raz*		*krôl*....
en basque	*Zen*	*bat*		*errege*....

Ce *raz*, qui répond au *bat* euskarien, veut dire en slave, coup, botte : vieille coutume, selon toute apparence, des gens s'exerçant habituellement à faire des armes. Chez les Slaves du Midi, le *raz* polonais est remplacé par *bart* ou *put*. *Put, botte, bat, bart*, doivent se valoir.

Bi, est le latin *bis*.

Hiru, semble ouralien, il correspond au magyar *harom*, au vogul *kurm, urum*.

Lau, laur, pourrait également être rapproché de termes ouraliens, comme *niul, niula*, moyennant l'aphérèse de *ni* et le changement de *ula* en *lau* : mais je pense que c'est *faur* germanique tout simplement. Je n'ignore pas que les règles de la permutation indo-européenne s'y opposent, mais il faudrait voir si ces règles s'appliquent au basque, et si partout elle ne comportent pas des exceptions auxquelles, il semble, que personne ne songe plus, et qui n'en foisonnent pas moins. Pour justifier l'observation, voici, par exemple, *vêpres*, terme enseigné dans tous les pays catholiques en parfaite connaissance de sa prononciation normale, devenu *bezperak* en euskarien, et *gousperon* en breton. C'est très conforme aux règles ? Oui, mais dans tous les pays slaves c'est *nizpor, nespor, nieszpory*. De même *neuf*, c'est neuf dans toute la famille indo-européenne — sauf en lithuanien, qui en est le type le plus parfait, où *navan* s'est tourné en *devini* « parce que c'est un nombre consacré aux dieux » dit un ingénieux professeur de philologie. Mais les dieux d'autrefois ne se contentaient pas d'offrandes aussi légères, puisque les descendants de leur dernier pontife, le *Kriwekriweito* de Lithuanie, y sont encore les plus riches propriétaires.

Huit, neuf, en lithuanien *asztoni devini*, et en slave *osm devial* : parce qu'en numération rapide la rencontre de deux *n*, ou de *m* et *n*, offrait une certaine difficulté, qu'on a supprimée instinctivement en substituant *d* à *n*. Je ne sais et ne prétend pas en décider, j'ose pourtant m'élever contre ces recours, par trop commodes, à des règles allemandes, sur lesquelles on s'appuie comme sur un roc, quand la chose incontestable n'est point contestée, et qui dispensent, dans les cas embarrassants, de faire de fastidieuses recherches, mais n'obligent que les écoliers. Ceux qui parlent n'ont cure que d'arriver partout au maximum d'aisance et de netteté dans la prononciation. Voilà la loi et les prophètes, et tout le reste une pure superstition. Les Malgaches se délectent à nommer leur reine *Mpaniaka :* parce que leur orbiculaire des lèvres est plus développé que le nôtre.

Bost, cinq, rappelle *bess, besch,* turc, et mieux encore le nom du poing, qui dut être partout le prototype du cinq. *Pest, post,* slave ; *Faust,* germanique. En polonais, le poing et le cinq, c'est *piesč* et *piec,* un demi-ton différentiel, comme de raison, le reste identique.

Sei, c'est *seis* espagnol et scandinave.

Zaspi, sept ; *zortsi,* huit. Du sanscrit *sapta,* la première syllabe a pu faire, par métathèse, *asp,* en numération *sei/s-asp,* et la seconde, devenue sibilante avec *ochti* (de Salzburg, par exemple,) a fait *zochti* et *zortsi,* par changement de *h* en *r*.

Bederatsi, neuf, c'est peut-être *bed-ere-achtsi,* un — et aussi — huit : avec changement des voyelles dures en douces, d'après la loi ouralienne.

Hamar, amar, dix, en berbère *merau :* mais je trouve en hongrois *hamar* deinceps, — c'est à peu près l'italien *da capo* en musique, marquant la fin et l'invitation à recommencer la mélodie, — et la numération en basque.

Que ces explications paraissent acceptables ou non, il en résulte au moins que la numération euskarienne est loin d'être homogène. A côté de *bis* et *six,* on trouve un neuf monstrueux comme *bederatsi.* Et cependant, si ruinée que soit une langue, si c'est réellement un héritage ethnique, elle a dû savoir compter les dix doigts ? Une fois en possession de ces termes indispensables à tout instant, comment ferait-elle pour s'en défaire ? On change quelquefois de couleur et de goût, et même de ratelier, le proverbe ne s'y oppose pas ; on peut changer les idées, les mœurs, les intérêts ; mais comment faire pour remplacer *trois* par *hirur,* ou changer *hirur* en *trois,* quand l'un ou l'autre s'est incrusté dans le cerveau d'un peuple ?

Qu'on veuille considérer les différences si grandes qui séparent actuellement les descendants des Aryas : les uns au pinacle de la fortune, les autres au comble de la misère.... éthnique. Leurs langues, sous l'influence des milieux différents et des croisements avec les races étrangères, ont subi presque tous les degrés de transformation possible. Eh bien, la numération y est toujours commune à la famille entière et parfaitement reconnaissable, quelquefois même intelligible encore. En voici un exemple bien curieux : comme le pronom *kto* a fait, au duel, *ktory*, lequel des deux ? de même *czeta*, la paire, le couple, a fait *cztery*, en sanscrit *czatur*, le couple des couples, c'est-à-dire quatre. Ce *czetéry* est devenu, sans souci des règles de la permutation, *pevar*, *batoro*, *koite*, *vier*, *laur* (en breton, en sarde, en lorrain, en allemand, en basque), mais si au lieu d'isoler les termes disparates on on dresse l'échelle complète, l'unité apparaît : la chose est hors de doute. N'en faut-il pas conclure que si, quelque part, il n'y a aucun moyen de retrouver l'ombre d'une pareille unité, c'est qu'elle n'y a existé jamais ? Or, ce qui vient d'être constaté pour la numération, caractérise, en basque, le dictionnaire entier ; on y trouve de tout, sauf un élément franchement, exclusivement indigène.

VIII.

En résumé, la promiscuité qui entache le dictionnaire euskarien, ne permet pas de douter qu'aux époques préhistoriques les Pyrénées ont servi de lieu de refuge, aux populations de race et de nationalité diverse, établies successivement, dès la plus haute antiquité, dans les belles contrées qui s'étalent au pied de ces montagnes, et chassées, tour à tour, par les invasions périodiques. Le pays du refuge n'était pas bien vaste, ni bien fertile surtout ; on s'entassait là où il y avait moyen de vivre : il en résultait des mélanges désordonnés, des fusions hâtives et réitérées, au lieu de l'assimilation progressive que d'ordinaire, dans les mêlées des nations, le grand nombre fait du petit.

Les dictionnaires mélangés s'arrangent, tant bien que mal, en se triant mutuellement, mais les grammaires ?

A chaque branle-bas, il en fallait refaire. C'est aux grammairiens à expliquer comment, du normand et du saxon, est sorti l'anglais, plus simple que père et mère, et d'une douzaine de langues broyées ensemble, l'euskarien, d'une complication si étrange? On les dispenserait, par compensation, de démontrer que *pater* et *mater* ont le suffixe *ter*. A ma connaissance (mais c'est un maigre et sauvage fruit des lectures décousues), la grammaire araucanienne, sans avoir rien de commun avec le basque, en rappelle cependant la faculté singulière d'absorber par le verbe les fonctions qui appartiennent ordinairement à plusieurs parties du discours. J'ai vainement essayé de m'informer si, à défaut de tout rapport éthnique, il n'y avait pas quelque analogie entre les vicissitudes de l'histoire sur les versants des Pyrénées et les contreforts des Andes.

Le contingent le plus ancien en basque appartient, ce semble, aux vieux indigènes personnifiés dans le roi Phaunus, fils de la pic. Leur nom, déjà légendaire chez les Grecs et les Romains, a survécu jusqu'à notre temps, presque toujours à titre d'injure, sort réservé aux vaincus. *Föhn, Fen, Fein, Fenian, Ofenian* : les Finois antiques, les nomenclateurs de l'Europe. Comme race, on les nommait encore : *Tud* (terme conservé en breton), *Tzud, Tchud, Chtchud,* synonyme d'étranger chez les Slaves, dont le nom générique *Lud, Led, Lid,* signifiait à son tour l'étranger aux Ouraliens. J'ai cherché à reconnaître, dans le fond primitif du dictionnaire basque, les mots les plus anciens. Parmi ceux qui portent en eux-mêmes leur extrait de naissance, le plus antique que j'ai pu découvrir, date déjà de l'origine du bronze, ou du cuivre plutôt :

Bake, paix, en basque.	*Beke,* paix, en magyar.
Bake-tu, se reconcilier.	*Bekel,* se reconcilier.
Ebak, couper.	*Bako,* bourreau; *bök* frapper d'estoc, *buk,* de taille, etc.
Irabarkhi, foret, vilebrequin.	*Bakacs,* charron, etc.

Or, *bakyr, bakar, bakr,* est le cuivre, en turc, en slave.

La hache, en cuivre, dans la main du bourreau, assurait la paix, comme *securis*, du licteur, donnait la sécurité. *Bakacs*, charron, ouvrier en cuivre à la lettre ; *ebak*, couper, avec un outil en cuivre « le blé surtout ou le fourrage », dit le dictionnaire, parce que c'en était le premier et le plus précieux emploi. *Irabarkhi* villebrequin : tout contrefait le mot français, — donc importé ; le terme basque veut dire *vire-cuivre*, premier instrument à forer, à trouer, — remplacé bientôt par la *mèche*, pur nom du bronze germanique (*Mösche, Messe, Messing*, etc.) Armés de Mess et de Messer, de casse-têtes et de couteaux, en bronze à peine connu alors, les Germains refoulèrent le Lud (*Leid* des dictionnaires breton et slovaque, *Lidi* du latin et tchekhe, *Ludzie* en polonais, et *Ludiers*, paysans français dans Froissard), les Germains, dis-je, refoulèrent les tribus de laboureurs de l'Europe centrale sur la France habitée par les Fénians. Du mariage du Tud et du Lud sont nés les Celtes, car le dictionnaire breton (je n'ai pas étudié le celtique de la Grande-Bretagne), à part un vingtième peut-être de mots relativement modernes, néolatins surtout, EST ENTIÈREMENT OURALIEN OU SLAVE : je le mets en petites capitales, cela fera peut-être remarquer un fait décisif pour l'histoire des origines celtiques, que, depuis longues années, j'essaye vainement de faire connaître.

Chose singulière en apparence, dans cette Bretagne si française, les mots français subissent un sort lamentable. Le jeudi de Pâques y devient *ar iaou basque*, gazelle se change en *heizézik*, rhumatisme devient *remm*, animal *mil*, ange *el*, etc. Et les mots ouraliens ou slaves, vieux en breton de quatre mille ans peut-être, n'ont pas quelquefois perdu une consonne :

Laskelen, lâcher, en finois ; en breton, *leuskel*.
Laiskyn, se bercer, » » *luska*.
Karikko, écueil, roche, » » *karrek*.
Savar, bruit, clameurs, en breton ; en slave, *swar*.
Graka, caquetter, » » *grakati*.
Kloc'ha, glousser. » » *klochtali*.
Skara, aller vite, » » *skoryti*.
Stronsa, secouer, » » *stronsati*.

C'est que les langues, dans leurs propres *parloirs* vivent en pleine sécurité, et la fonction transplantée, de gré ou de force, dans un organe différent. tombe en détresse.

Les premiers, les plus anciens réfugiés dans les Pyrénées y importèrent leur idiome d'origine ouralienne, probablement éteint aujourd'hui, mais qui fait encore le fond le plus sain de l'eskuara. Le celtique, qui y occupe la seconde place, s'est conservé tout aussi bien, parce que les peuples, et les langues, étaient apparentés déjà. L'élément slave y fut, très-probablement, introduit sous l'étiquette celtique ; j'ai néanmoins relevé quelques mots slaves et basques à la fois, et cependant étrangers au celtique. *Roditi,* entr'autres, accoucher, mettre au monde ; *erdi,* en basque, qui ne souffre pas *r* préposé, mais c'est le même, les dérivés identiques de part et d'autre (milieu, moitié, fendre, etc.) en témoignent.

On rencontre de même quelques mots celtiques, inconnus aux Celtes d'aujourd'hui et dont les Basques se servent depuis des siècles, sans les comprendre, je m'imagine, à moins de savoir les deux langues (ou d'avoir en main Legonidek et Linde), *Tokilabilaso,* par exemple, le bisaïeul. *To,* finale de *tato,* père, en slovaque, et en langage enfantin de plusieurs pays ; *kila,* arrière ; *bilaso,* en vieux polonais *bialasy,* augmentatif de *bel, beli, bile,* blanc, pur, excellent, vénérable, sacré. *Rerebele,* en Auvergne, grand-père ; *belek,* prêtre, dans tous les dialectes celtiques, « autrefois prêtre de Bel » (dit Ausonne) dieu celtique et slave.

Je crois que même en français le mot se retrouve dans beau-père, beau-fils, belle-mère, belle-fille. Directement de *bellus,* ce serait, au moins quelquefois, une épigramme et un non-sens ; la signification banale du mot latin a seulement fait oublier ou méconnaître le terme slave, celtique et basque à la fois, autrement significatif et profond.

Il veut dire, des parents et enfants adoptifs, qu'on doit honorer les uns et respecter les autres, c'est presque le « tabou » des îles du Pacifique. En somme, *tokilabilaso* — joli mot à mettre dans la bouche des enfants, — arrière-père, très-vénérable ou très-bon. J'ai saisi là une occasion de montrer sur un mot appartenant à la vie intime et domestique, un de ceux qui ne courent pas le monde et ne s'empruntent point, l'enchevêtrement, parfois inextricable, des langues qui nous occupent ici, preuve certaine de leurs relations préhistoriques.

Il est temps de formuler une dernière conclusion. L'examen attentif du dictionnaire ne confirme pas la conjecture de la domination antique du basque en Espagne et en France — appuyée uniquement, si je ne me trompe fort, sur l'assonance de quelques noms géographiques. A pareilles raisons on trouvera toujours une réponse comme celle-ci : Puisque on admet, à cause du nom de l'eau (*ur* ou *hur*), qu'Urgia et Urso, en Bétique, étaient basques — Uriage, en Dauphiné et Ur, en Ecosse, devaient l'être, ni plus ni moins? Ne perdons pas de vue que la géographie de l'Europe presque entière, est foncièrement ouralienne.

Si le basque avait jamais été parlé dans tout le Midi de la France, il y serait encore ; or il n'y est pas ; j'ai parcouru, pour m'en informer, le vocabulaire béarnais de Lespy (Pau, 1858) ; les mots communs aux deux idiomes qu'on y rencontre en petit nombre, ont passé la plupart, plutôt du béarnais en basque, parce qu'on les trouve également en provençal, en italien et ailleurs (*Pot,* baiser ; *Pek,* sot ; *Balezta,* dard ; *Trufa,* se moquer ; *Ardit,* liard ; *hastia,* hair, c'est-à-dire *hassen,* germanique, etc.) Les relations de voisinage suffisent et au-delà, pour expliquer quelques échanges ou emprunts de cette espèce. Supprimée par la conquête, la langue indigène d'un grand pays, y laisse bien d'autres vestiges : on n'a qu'à voir les patois français. Je n'ai pu étudier suffisamment que celui du Forez, mais là du moins, j'ai vu et j'ai montré, il y a longtemps, qu'une partie notable de cet idiome populaire appartient au langage antérieur à l'invasion du latin.

Je ne puis m'empêcher de faire, en passant, quelques réflexions à ce sujet. Ah ! si les patois de la France offraient l'intérêt de ceux de l'Inde ou du Pérou, il y a beau temps qu'on aurait reconstruit avec, le dictionnaire des défenseurs d'Alésia....

Le peuple des campagnes, source heureusement intarissable où se recrute sans cesse (pour disparaître au bout de quelques générations) la France des grandes villes qui ne parle que français, ce peuple a conservé grâce à Dieu, assez de la langue indigène pour y puiser la nourriture de l'esprit, — car l'âme de la patrie n'habite pas les brises du Rhône, comme chante le poëte, mais elle palpite dans les mots qu'elle a tissés au berceau, quand les lèvres traduisent les sentiments dignes d'elle !

Les Hérostrates qui, en vue de l'unité d'apparat, cherchent à détruire les derniers liens avec le passé, auront à faire oublier un quart du dictionnaire des campagnes, la moitié des noms propres, et la prononciation du reste : car on prononce encore, — pour s'en tenir au saillant, — *l'u* ouralien, et le *ż* slave qu'on écrit *j* en français.

On m'a conté en guise d'objection capitale, qu'au XVIe siècle, le *j* de la Péninsule ibérique a poussé tout seul, en souvenir de l'arabe récemment expulsé. M'est avis que ce sont les Arabes en chair et en os, qui ont procréé cette khota ; comme les Espagnols, à leur tour, ont fait, à la fin du même siècle, des yeux noirs à la Belgique.

Au IV et Ve siècle de notre ère, les Wisigoths ont envahi la France méridionale et l'Espagne presque entière ; quelque peu de leur langue s'infiltra dans les Pyrénées, en y laissant un résidu très altéré, souvent à peine reconnaissable. En voici un exemple :

Gesal en basque, sel fondu où l'on tient les viandes salées ; de *gesalzen*, saler en allemand, la queue retranchée et le sens détourné.

Gatz, sel, du participe *gesalzt*, éventré complètement ; la syllabe enlevée reparaît partiellement dans *gazi*, saler, *gazitei*, saloir, etc. Comme le basque usait là d'un mot étranger, apporté sans doute par le commerce et qu'il n'entendait pas autrement, il s'empressa d'en abuser. *Gesal*, sel fondu ; *gesal*, la boue provenant de la terre dégelée ; *gesal*, l'action du soleil ou de l'air tempéré qui fond la neige.

Dès l'époque romaine le peuple Euskaldunak, en possession de l'autonomie biologique (éthnique, linguistique, comme on voudra), marquait de son cachet les mots que l'étranger lui apportait. D'origine cosmopolite, il sut, néanmoins, acquérir dans les labeurs de sa vie historique, une forte unité, capable de résister aux tempêtes vingt fois séculaires, qui ont tout nivelé autour de lui, en France comme en Espagne.

IX.

Il me reste à demander au dictionnaire quelques renseignements sur le caractère, les mœurs et les aptitudes du peuple qui l'a formé.

Aita, Aitosa, Burhaso, Tokilabilaso : il est douteux qu'il existe autre part une telle série de noms propres à quatre générations d'ascendants. Aïeul, bisaïeul, trisaïeul, sont des termes de notaire ou de chroniqueur ; dans l'intimité de la famille, grand-père ou bon papa, est employé à peu près seul. Ils vivaient donc bien longtemps, pour que la chance de devenir trisaïeul, fut chose tellement commune qu'elle a fait naitre un nom usuel, si doux et parfumé de respect ? Evidemment ils se mariaient fort jeunes, avaient beaucoup d'enfants, et vivaient réunis sous le même toit, dont le bisaïeul était *burhaso*, ou chef de famille, en titre. Ces liens de famille y étaient forts puissants, puisque tout parent était *askari* (de *ase*, se rassasier, en basque.) Parent et commensal était synonyme. Quels cris cela ferait pousser à la plupart de ménagères actuelles !

Le mari se nommait *senhar*, seigneur et maître, et le péché « contre le sixième commandement de Dieu » *lohikeria*, la boue (*loko*, finois, *cœnum et merda*). La piété générale est suffisamment attestée par le nom du mois de décembre : *abendo*, mois de l'Avent, exemple peut-être unique, en pays chrétiens, d'un nom de mois tiré d'une observance religieuse. Une piété sincère conduit la charité en laisse : les Basques ont un double nom de l'aumône, espagnol et français, *limosna* et *amoina*. Faut-il mettre également au compte de commisération charitable, l'association des mots suivants : *langile*, ouvrier ; *lankhia*, atelier ; *langi*, s'affaiblir par la fatigue? On craignait peut-être le travail assidu et renfermé : car l'activité, et la sobriété qui l'accompagne de coutume, n'y manquaient pas, si on s'en rapporte aux termes suivants :

Afari, souper ; *afer*, paresseux.
Auhari, souper ; *auher*, paresseux.

Comme on voit, perdait beaucoup dans l'opinion publique quiconque s'avisait de vouloir souper, et se déshonorait à jamais celui qui soupait trop : *urde*, truie, cochon, porc, et *urdin*, être gris. A quoi il faut ajouter encore *chuhur*, économe (et même *sec* radicalement), et *chuhur*, sage. Ce n'est pas accidentel, l'homonymie s'efface dans la dérivation : *chuhurkeria*, économie ; *chuhurtia*, sagesse.

C'était autrefois un peuple de bergers : les mots relatifs à la vie pastorale encombrent le dictionnaire (par exemple, chaque bête en chaleur prend un nom particulier), et la place la plus grande peut-être y semble revenir aux suivants :

Urde, truie,	*Kierda*, en polonais.
Ordox, porc mâle,	*Kiernoz*, P. (pour kierdoz).
Akhetch, verrat,	*Khucz*, en sorabe.
Ahardi, truie,	Cf. *Ahder*, stérile (*haud gravida*) en finois.

Perret, porc mâle, sans doute le latin *Verres*.

Bargo, jeune cochon à peine sevré. Cf. en Galles, *bargen* et *bac'hgen*, jeune taureau ; et en tchekhe, *bahniti* agneler. Voilà donc un nom légitime de l'agneau qui passe aux bêtes à cornes dans le pays de prairies, et aux sans cornes, où la glandée abonde.

Deux termes méritent d'être signalés comme l'expression d'une sollicitude unique :

Kurka, cri de cochon content et satisfait. Cf. en suomi, *iso-kurkkuinen* à guelle ouverte.

Kurinka, cri plaintif du cochon malheureux. Cf. en suomi *Kurina,* gémissement ; *kurja,* infortuné.

Le morceau de porc (et nous en resterons là avec cet être vorace et comestible) le morceau le plus estimé en pays basque, c'est *golaspe* le dessous du menton, et gourmandise, étymologiquement ; *golaso,* glouton. Je me souviens qu'en Pologne, on préférait la poitrine : *shab,* qui rappelle *jabali,* sanglier en espagnol.

Habitants d'un pays de pâture, les Basques se livraient nécessairement au pâturage ; mais ils faisaient du pain, avant de s'y réfugier peut-être. *Labere,* pain ; *labe* four à pain, rappellent Κλίβανος, qui servait lui-même à cuire *chleb, hlaib, laib, leb,* aliment par excellence des laboureurs (car le même nom, chez les pasteurs, nomme le lait). Un autre nom du pain basque, *ogi,* a certainement perdu *b* initial. *Bog* (et *Big*), dieu primitif et actuel du Lud, est en dictionnaire, comme en réalité, la source de tout bonheur, de toute fortune, et de la nourriture notamment.

Devenus pasteurs déterminés, puisque *aberax* signifie riche et *abere* (l'avoir) « les bêtes chevalines, asines et celles à cornes, » les Basques ne paraissent pas avoir connu la vie nomade. Déjà le nom du chef de la maison, *burhaso,* prouve assez qu'ils étaient *casés ;* mais le nom du père lui-même signifie également chef de maison : *aita* en basque, *oitiec* en slave, *tieg* en breton, — et *ti* en breton, *tig* en irlandais, *tshek* en étrusque, *etche* en basque, la maison, qui en basque se nommait encore *baita,* et c'est un autre nom du père en slave. Enfin, le domestique, en basque *michkaudi,* et *mieszkanie* en polonais, *miszekan* en hébreux, habitation.

J'accumule à dessein les preuves que la vie agricole remonte aussi loin qu'il nous est possible de plonger dans le passé ; et que c'était une conclusion bien hâtive qui a fait tous les Aryas pasteurs.

La race Euskaldunak a dû être belle, leste et bien prise en tous cas, car elle se moquait outrageusement de ceux qui l'étaient moins :

Ficho, qui a de la corpulence (un homme *fichu* en français des dames de la halle).

Gaicho, digne de pitié, comme trop court pour sa taille.

Gaizo, digne de commisération, comme trop gros, trop gras et bête.

Gari, qui a trop peu de ventre (cf. *garizuma,* carême).

Chikhin, petit et sale ; *zikhin,* gras et malpropre.

Kichkil, terme de mépris qu'on adresse à un homme de petite taille ; *kiskil,* terme de mépris qu'on adresse à une forte corpulence. *Ganz,* gonflé de graisse (*ganz,* allemand, entier, plein).

En revanche, *garbi,* propre et sans tache, c'est l'italien *garbo,* gracieux, gentil, honnête, — belle manière d'entendre et de recommander la propreté. Au surplus, *propi* embellir. Au XVIIe siècle, un conseiller au parlement de Bordeaux, nommé Lancre, chargé de procéder contre les femmes basques accusées de sorcellerie, rend un singulier hommage à leur beauté : « Quand on les voit passer, dit-il, les cheveux au vent et sur leurs épaules, elles vont dans cette chevelure si parées et si bien armées, que le soleil y passant comme à travers une nuée, l'éclat en est violent et formé d'ardents éclairs de la fascination de leurs yeux, dangereux en amour autant qu'en sortilége.... », et il concluait à les faire brûler.

Le dictionnaire ne témoigne pas moins qu'ils étaient sociables et gais. Laissons de côté les mots néo-latins, comme *algera, alegeranzia, alegeratarzuna,* ayant gardé leur acception ordinaire ; mais *solas,* en latin consolation, en polonais allégresse, et en basque divertissement, amusement et conversation à la fois. *Yoyak,* c'est la joie : mais on n'emploie le mot qu'au pluriel, parce qu'ils ne savaient pas être heureux tous seuls. *Botzkario* (*botz,* voix), réjouissance.... quand on peut chanter, crier et rire ensemble. *Dosta,* s'amuser : c'est *tostaat,* breton, se rejoindre, se réunir. *Gomit hiz a,* es-tu invité ? mot à mot, es-tu en comité : toujours *comitas,* compagnie affable. Même dans *axegin* plaisir (*ax,* nuit, *egin,* faire). Mais le meilleur de tous, c'est bien *loria* « délice, jouissance pure et grande », la gloire ! Y a-t-il une façon plus exquise de l'aimer ? Ils l'ont recherchée de tout temps : navigateurs intrépides, les premiers chasseurs de la baleine, ne craignant pas combattre Annibal et Charlemagne, le vaillant petit peuple a toujours aimé et su préserver sa liberté.

Puisse-t-il durer autant que les siècles, ce fruit rare et très précieux de la lutte pour la vie : une nation qui s'est créée elle-même, — foyer nouveau de grandes abnégations et d'actions héroïques ; génie distinct, propre à creuser dans les profondeurs de l'esprit un filon inaccessible à d'autres. C'est pour cela qu'une nation supprimée laisse toujours un vide inexpiable. Si on exterminait les alouettes, les rossignols n'en chanteraient pas mieux ; ni les geais, ni les corbeaux ; mais la chanson céleste qui ouvre les printemps serait muette à jamais.

ABRÉVIATIONS DANS LE VOCABULAIRE :

A	signifie....	allemand.		pR	signifie....	petit russien.
B	—	breton.		R	—	russe.
Bl	—	bulgare.		S	—	slave.
Cz	—	tchekhe.		Sb	—	serabe.
E	—	espagnol.		Sm	—	suomi.
F	—	français.		Sr	—	serbe.
H	—	hongrois.		T	—	turc.
I	—	italien.		Tch	—	tchoud de l'Estonie.
L	—	latin.		V	—	veps, ou vieux tchoud.
Lt	—	lithuanien.		Vl	—	valaque.
P	—	polonais.		Cf	—	comparez.
Pr	—	provençal.		v	—	vieux.

K

Kaba, petit sac	Cabas, F.
Kabale, tout quadrupède domestique	Cf. Kobel, R. chien mâle ; Kobyla, P. cavale.
Kabeza, tête	Cabeza, E.
Kachet	Cachet, F.
Kacheta, petit siége servant aux enfants	Cf. Kachet, B. cacare.
Kadera, chaise	Kador, B.
Kakein	Cacare, L.
Kalaka, bâton pour faire tomber, en frappant avec, le grain sur la meule	Kolok, R.
Kalapio, force réduite à la faiblesse	Cf. Kalpi, jeune taureau châtré ; Kalpia, pâle comme la mort, Sm.
Kali, tuer (surtout les reptiles).....	Kalnut, pR.
Kaliko	Calicot, F.
Kalte, malheur	Cf. Halt, H. mort.
Kampa	Camp, F.
Kampanna	Campagne, F.
Kaneta, pot	Canette.
Kanti, se mouvoir	Käätään, Sm.
Kapera, chapelle	Capella, I.
Kapete, bourrelet	Kapak, T ; Cf. Kopyto, P. sabot de cheval.
Kapezkap, tête à tête	Cap à cap, Pr.
Kara, allure	Karu, Sm. course, fuite ; Karuhutan, exciter à courir.
Karakoil, escargot	Carcol, E.
Karesa	Caresser, F.
Karga, charger	Karga, B.
Karitate, charité	Caritatem, L.
Karkalla, rire aux éclats	Carcajada, E.
Karraska, bruit de tonnerre	Cf. Corusco, L.
Karta	Carte, F.
Kasik, quasi	Casi, E.
Kaska, frapper, fêler	Cascar, E.
Kasta	Caste, F.
Katalo, pendant	Kalo, Bl. Kadli, Sr.
Katcho, cor au pied	Cacho, E. petit fragment, obstacle.
Katoliko	Catholique.
Kaudela, plainte	Cautela, L défiance.

Kausera, baignet.................	Cazo, E. casserolle ; Causela, friture.
Kaza, chasser.....................	Casar, E.
Kesta, poursuite..................	Quæstus, L. d'où Kweste, A.
Keta, quantité (grande)...........	Cf. Kettös, H. double.
Khadinna, chaîne en fer...........	Cadena, E.
Khaduri, pollen spermatique......	Cf. Cadera, E. hanche.
Khaldo, grande chaleur...........	Caldo, E.
Khallu, peau de porc tué.........	Cf. Callocas, chaussure de Lapons, en peau de renne telle que.
Khana, canne....................	Cana, E.
Khar, **Kharzu**, **Kharxu**, zélé......	Harras, Sm.
Kharax, amer....................	C'houero, B. Keseru, H.
Kharba, brave...................	Braca, L.
Kharbe, antre, grotte............	Cf. Korab, P. arche. Karban, Cz. tire-lire.
Kharda.........................	Carde, F.
Khardo, chardon.................	Cardo, E.
Khario, cher....................	Caro, E.
Kharmin, goût aigre.............	Karmin, Sm. aigrir.
Kharraka, râcler................	Korholni, H.
Kharrika, rue bordée de clôtures..	Carril, E. chemin étroit.
Kharroin, geler.................	Skourni, B.
Khasu, cas......................	Casus, L.
Khasu, attention, soin...........	Cf. Cazar, E. captiver la bienveillance.
Khausi, trouver.................	Kaout, B.
Khe, fumée ; **Khesta**, enfumer....	Cf. Koh, H. cheminée en branchages des paysans ; C'houez, B. odeur.
Khecha, inquiéter, s'inquiéter.....	Rec'hi, Nec'hi, B.
Kheeta, espèce de barrière en branchages........................	Stachetta, I.
Khen, ôter.......................	Cf. Koen, Sm. toucher (agir avec les mains).
Khennu, signe par un mouvement d'un membre....................	Kina, H.
Kheementa, plainte..............	Querella, E.
Khinno, mauvaise odeur de la viande	Haisu, Sm ; Haisen, V. sentir mauvais.
Khodoin, attache au ratelier.......	Kiedon, Sm. attacher, lier.
Khoi, qui désire un objet.........	Ohait, H. désirer, souhaiter.
Khonda, compter..................	Contar, E.
Khorbe, crèche..................	Corba, vL.
Khorda, corde....................	Corda, I.
Khordeiru, discours long et diffus.	Cf. Cordalejo, E. brocard.

KHORO, couronne	Coro(na), L.
KHOROTZ, GOROTZ, engrais	Karden, B ; Gubre, T.
KHOTCHO, mâle des quadrupèdes ...	Kot, P. mâle de chat, de lièvre ; Kotzos, H. animal velu.
KHOTCHU, vase en bois de laitières.	Köcsög, H.
KHOXU, communiquer une maladie .	Cf. Koszos, H. galeux.
KHOXU, un peu, un brin...........	Cf. Kicsi, H. petit, menu.
KHULU, quenouille	Colus, L.
KHUMA, chevelure.................	Coma, L.
KHUNDA, compter..................	Conta(re), I.
KHUNDU, presque..................	Hanter, B. presque à moitié.
KHURRUKA, râle...................	Cf. Kurutyol, H. coasser.
KHURULLA, ronflement.............	Cf. Horkol, H. respirer avec effort.
KHURUBILLA, vanner...............	Cf. Hurut, toux ; Billeg, agiter, B.
KHURUTZE, croix..................	Crux, L.
KHURT, abaisser..................	Kurtun, Sm. diminuer.
KHUTCHA, bahut...................	Huche, F.— Kucza, S. maisonnette.
KHUYA, citrouille................	Cf. Kuja, Sb. chienne. (gros ventre) ; Kouho, Sm. enflé ; Hej, H. écorce.
KICHKIL, de petite taille	Kiszka, S. andouille. Kis, H. petit.
KIDE, pareil	Keit, B. égalité, parenté.
KILIKA, chatouiller	Hilliga, B.
KINKA, « point tout près de l'équilibre »	Cf. Hinkana, B. qui va à l'amble.
KINKINA..........................	Quinquina.
KINZE, un point au jeu de pomme..	Cf. Kincs, H. trésor, épargne.
KITA.............................	Quitter, F.
KITZIKA, chatouiller	Kitzeln, A.
KLAR, clair.......................	Clar(us), L.
KLASK, avaler goulument	Mlaskati, S.
KLASKA, sonnette de mouton.......	Klaskati, S. faire du bruit, applaudir.
KLICHKETA, loquet................	Kljuka, Sb.
KOAINTA, « affaire désagréable » ...	Accointance ? Cf. Cojear, E. gauchir.
KOBLA	Couplet, F.
KOBURA, recouvrer	Cobrar, E.
KOBURU, bon sens, action prompte .	Cf. Koborire, Vl. Koborolni, H. se livrer au brigandage.
KODRILLA, groupe	Quadriglia, I.
KOFA, trou d'arbre ; KOFOIN, ruche à miel.........................	Qovan, T ; Cavea, dans Virgile.
KOFESA	Confesser.
KOKA, accrocher..................	Cf. Kokowina, S. vitis nigra.
KOKO, œuf (langage d'enfant)......	Kuko, H. œuf.

Kokoratz, cri de la poule qui a pondu	Kokotati, S. (verbe).
Kokorika, s'accroupir	Koukkero, Sm. (action).
Kokotz, menton	Cf. Kokko, Sm. proue.
Kol	Col, F.
Kola	Coller, F.
Kolazion	Colation, F.
Kolera	Choléra. Colère, F.
Kolet	Collet.
Kolier	Collier.
Kolpa, blesser	Colpire, I.
Komai, Kompai	Commère, compère.
Komarka, contrée, les environs	Comarca, E.
Kombat	Combat.
Kombersazion	Conversation.
Kombersion	Conversion.
Kompari	Comparaître.
Kompati, proposer	Compartir, E.
Kompas	Compas.
Kompensa	Compenser.
Kompletak, complies	Completæ (horæ), L.
Kompli	Accomplir.
Komplimendu	Compliment.
Kompon, arranger	Compon(er), E.
Komun	Commun, communaux.
Komunion	Communion.
Komuzki	Communément.
Kondena	Condemner.
Kondera, discours long	Contera, E. refrain.
Koner, diagonale	Cf. Keno, Sm. oblique.
Konforma	Conformer.
Konnat, beau-frère	Cognatus, L.
Konsidérazion	Considération.
Kontent	Content.
Kontre	Contre.
Kontsumi	Consumer.
Konzebi, concevoir	Concebir, E.
Kopa, petit vase de faucheur	Köpü, H.
Kopa	Couper.
Kopeta, front, visage, hardiesse	Copete, E. toupet, hupe.
Kordoka, état d'un meuble qui branle	Cf. Korda, Tch. ordre, équilibre.

Koroka, état de volatil se disposant à couver	Cf. Koorokaed, Tch. aller courbé, baissé.
Korpiera	Croupière.
Korrale, basse-cour	Corral, E.
Korrekzione	Correction.
Korrompi	Corrompre.
Korropita, nouer	Cf. Skrupiti, S. tresser.
Koska, frapper un corps avec un autre	Kosken, Sm. Cascar, E.
Koskolla, scrotum	Kosk, Tch. peau, enveloppe. Koskus, Sm. écorce.
Kostuma, usage	Costumbre, E.
Kotchea, outil pour devider	Cf. Coccia, I. garde d'épée.
Kotera, gouttière	Gotera, E.
Kotor, terrain en pente, côte	Gotera, E. pentes.
Kozina	Cuisine.
Kracha	Cracher.
Kraka	Craquer.
Kreatura	Creatura, L.
Krepa	Crèpe.
Kreson	Cresson.
Krik, Krac, avec promptitude	Crac, F.
Kristo, Christ	Cristo, E.
Kuarenta, terme de jeu de pomme	Cuarenta, E.
Kuchin	Coussin.
Kuku	Coucou.
Kuku, couvrir	Cf. Kukor, V. sac. Cucullus, L. capuchon. Kukkard, Sm. poche de marsupiaux.
Kukula, sommet d'arbre, de plante	Cucuzzolo, I. Kukka, Sm. fleur.
Kunkur, bosse	Cf. Kenkku, Sm. tertre.
Kurios, curieux, propre	Curioso, E.
Kurka et **Kurrinka**, cris de cochons	Cf. Kurkkuinen, Sm. qui a la gueule ouverte.
Kurlinka, courlis	Korri, Sm. oiseau, Lyökyön, se précipiter en avant.
Kurri	Courir.
Kurruchka, espèce de raisin	Korozni, H. pousser de rejetons.
Kurruska, gargouillement	Kurisen, Sm.
Kusku, coque d'un œuf, d'un fruit	Koskus, Sm. écorce dure; Kuszko, H. cachette; Casca, E. coquille de noix
Kuskula	Cuscute.

P

PAIRA, souffrir....................	Patire, I.
PALAZIO, palais..................	Palacio, E.
PANTECH, chambrale..............	Penture, v F.
PAPO, gabier......................	Cf. Pappino, I. garçon d'hôpital.
PAPO, face de la poitrine..........	Papo, E. jabot.
PAR, égal.........................	Par, L.
PARADA, commodité, occasion......	Parada, E.
PARIA...........................	Parier.
PARRASTA, grande part............	Augm. de Pars, L.
PARROPIA, paroisse...............	Parochia, L.
PARZUER, associé.................	Pars, partenaire.
PASA, PASSEA......................	Passer.
PATAR, sol en pente...............	Spad, S.
PAUMA, paon......................	Pavonem, L.
PE, sous, dessous.................	Pod, S. Po, Lt.
PEAN, au-dessous.................	Peana, E. piédestal.
PEDATCHU, morceau pour rapiécer..	Pedazo, E.
PEDOC, coup de hâche allongée, haut volant.........................	Cf. Pedo, I. houlette; Petkeli, Sm. hâchette.
PEGAR, cruche....................	Pechero, I. hanap.
PEGARTEI, évier..................	Cf. Beccatojo, I. auge.
PEGASERIA, bagatelle.............	Begoli, I.
PEGORRERIA, misère..............	Cf. Peggiorrare, I. empirer.
PEK, imbécile.....................	Paikus, Lt. Kiep, P.
PEKA, céder à la tentation.........	Pecar, E.
PEKADA, bécasse..................	Becada, E.
PELA, se mouiller entièrement.....	Pelluo, L.
PELA............................	Peler.
PELEGRIN, pélerin................	Peregrino, I.
PERFEIT.........................	Parfait.
PERFOSTA, PREFOSTA, conséquemment, sans doute...............	Puesto, E. puisque.
PERI............................	Périr.
PERIL...........................	Péril.
PERCACHANT, actif, adroit.........	Pervicace, I.
PERKAL..........................	Percale.
PERMETI.........................	Permettre.
PERRET, verrat...................	Verres, L.
PEROKET.........................	Perroquet.

Persona, Presuna...	Persona, L.
Pertol, espèce de filet, en pain de sucre...	Cf. Pretelle, I. espèce de moule.
Pikalaport, pie grièche...	Pikspera, B.
Pikant...	Piquant.
Pikarda, bigarré...	Abigarrado, E.
Pikarrai tout nu, ou **Pikero** : termes de mépris...	Piccaro, I. gueux.
Pikitta, très-peu ; **Pikor**, petit corps dur...	Cf. Pico, E. bec, fraction. Picaillon, petite-monnaie en Piémont.
Pitchika, encore moins que **Pikitta**	Cf. Poco, pochetto, I. peu, très-peu.
Pilare, pilier...	Pilar, E.
Pilla...	Piller.
Pillika, une petite quantité...	Piccolo, I.
Pilon...	Pilon.
Pilota, balle à jouer...	Pillota, I.
Pilotis...	Pilotis.
Piment, qui veut se faire remarquer	Pimasz, H. sot.
Pimpirina, fruit qui vient d'éclore à peine...	Cf. Pimpallo, E. bouton à fleurs.
Pinta, peindre...	Pintar, E.
Pinta...	Pinte.
Pinttolakulo, jeu aux épingles...	Cf. Pinta, I. choc, impulsion.
Pipita, pépin...	Pepita, E.
Pirkoil, se rétablir...	Cf. Pir, H. incarnat ; Pirkaden, changer de couleur.
Piru, petit de dinde, d'oie ou de canard...	Cf. Pilliot, forezien, petit d'oiseau.
Pitar, espèce de cidre...	Piti, S. boire ; Pitel, Cz. ivrogne.
Pleitu, procès...	Pleito, E.
Pochi, morceau...	Cf. Poco, I. peu.
Podore, pouvoir...	Podere, I.
Podra, pouliche ; **Potro**, poulin...	Podro, E. poulin.
Pocal, endroit propre à attirer du monde...	Cf. Boca, E. ouverture.
Porro, grosseur vers le milieu...	Cf. Bourriche, F. Porron, E. cruche.
Portu...	Port.
Pot, baiser...	Pok, B.
Potroska, ordure...	Cf. Potroh, H. bas-ventre. Potra, E. hernie. Putris, L. pourri.
Pratika...	Pratiquer.
Prebenda...	Prébende.
Predica, Phederica, prêcher...	Prædicare, L.

PREFERA	Préférer.
PREFET	Préfet.
PREMIA, opportunité	Premier, (ce qui doit l'être).
PREPARA	Préparer.
PRESA, PRISA	Presse, empressement.
PRESENT	Présent (cadeau).
PRÉSIDENT	Président.
PRESO, prison	Preso, E.
PROSOMPZIONE	Présomption.
PRESTO, vaillant	Presto, E.
PRETENDI	Prétendre.
PREZIA, marchander	Prezzolare, I.
PREZISKI	Précisément.
PRIBATU	Privé (lieu).
PRIMU, PRIMA, héritier	(Les cadets n'héritaient pas ?).
PRIMADERA, printemps	Primavera, I.
PRODIGA	Prodiguer.
PROMES	Promesse.
PRONA	Prôner.
PROOTCHU, profit	Provecho, E.
PROPI, beau	Propre.
PROTESTA	Protester.
PROZES	Procès.
PROZESIONE	Procession.
PRUNT	Prompt.
PRUNTKI	Promptement, F. Prentko, S.
PUCHANT	Puissant.
PUCHKA, PUSKA, petit morceau	Cf. Pez, Pezik, B. morceau, bouchée.
PULUSTA, une certaine quantité	Cf. Pula, B. abonder.
PUR, net	Pur.
PURGA, médecine	Purge.
PURRA, appel aux oiseaux de basse-cour	Prou-prou, F.
PUTA, fille publique	Puta, E.
PUTAR, ruade	Cf. Pouta, B. pousser, bouter. Kopyto, S. sabot de cheval.
PHAGO, hêtre	Fagus, L.
PHALA, pelle	Pala, E.
PHALA, bâton d'entrave	Palo, E.
PHALACHU, haie vive	Cf. Palafitta, I. palis, clayonnage.
PHALDO, « pièce extérieure de la rue »	Cf. Falda, E. pan, basque.
PHALZA, sang coagulé	Cf. Puls, L. πολτος, purée.

PHANZ, bedaine	Panse.
PHARA, recevoir des hommages	Cf. Parare, I.
PHARABIZA, paradis................	παραδεισος.
PHARTE..........................	Part.
PHARTI	Partir.
PHASTA, pâte.....................	Pasta, E.
PHASU	Passe (passage).
PHAUSA	Poser.
PHECHKERA, arrangement pour la pêche........................	Pescheria, I. pêche.
PHENNA, rocher	Péña, E.
PHENA	Peine.
PHENSA	Penser.
PHENZE, prairie	Cf. Fenaison.
PHEREKA, bout de chaîne, au timon.	Cf. Perchio, I. cadenas.
PHERESTU, probe	Prosty, P. droit, simple.
PHERETCHA	Apprécier.
PHERRECHIL......................	Persil, F. Perejil, E.
PHESKIZA, prêter pour reprendre, rechercher.....................	Pesquisar, E. chercher.
PHEXA, dépit	Vexation, F.
PHEYA, entraver, enchaîner........	Spevia, B.
PHEZOIN « clôture en fossé »	Bez, B. fosse.
PHICHA, urine....................	Pisar, Sm. goutte d'eau ; Pisoan, couler goutte à goutte.
PICHKA, mauvaise humeur momentanée	Bisquer, F.
PHIKA, pie	Pica, L.
PHIKA............................	Piquer.
PHIKO, figue......................	Ficus, L.
PHIKO, sorte de marteau	Pic, F.
PHIKOTA, petite vérole............	Picote, F.
PHILDA, harde....................	Pil, B. guenille.
PHINDAR, étincelle ; s'offenser......	Pintis, Lt. amadou.
PHINTZ, cloche de brûlure..........	Hinchar, E. enfle
PHINXETA........................	Pincette.
PHIRPHIR, tomber petit à petit ; PHIRU, petit brin	Piraan, Sm. reduire en petits morceaux.
PHITCHER, vase à anse	Picher, B.
PHITZ, aigrir, allumer, ressusciter..	Hitze, A. chaleur.
PHIZA............................	Peser.
PHOROGA, prouver................	Probare, L.

PHOROSKA, petit fragment..........	Cf. Porrazo, E. coup de massue. Pryskati, S. éclater.
PHORRU..........................	Poreau.
PHOSTA..........................	Poste.
PHOSTURA.................	Posture.
PHOZA, partie du tablier couvrant le sein........................	Pazucha, P.
PHUCHULA, entraver..............	Panczoti, Lt.
PHULO, tas, meule................	Pula, I. balle.
PHULUMPA, se vautrer dans la fange	Poull, B. étang ; Pullfank, bourbier.
PHUMPA, bondir..................	Cf. Pompa, I. appareil pour faire jaillir.
PHUNDU, point...................	Punto, E.
PHUNCELA.......................	Pucelle.
PHURDUMPA, remuer un corps liquide	Cf. Purtinti, Lt. agiter, remuer.
PHURTZIKA, exiter le dégoût........	Cf. Furtz, A. vent lâché.
PHUSSA..........................	Pousser.
PHUTZ, vesse.....................	Fist, A.
PHUTZU, mare....................	Pfütze, A.

www.ingramcontent.com/pod-product-compliance
Ingram Content Group UK Ltd.
Pitfield, Milton Keynes, MK11 3LW, UK
UKHW020449180726
13839UKWH00004B/1722